LOS HOMBRES DE MI VIDA

PIEDAD BONNETT

LOS HOMBRES DE MI VIDA

VISOR LIBROS

VOLUMEN MCCLXXIII DE LA COLECCIÓN VISOR DE POESÍA

Cubierta: Gustave Caillebotte. *Le Nageur*

Isaac Peral, 18 - 28015 Madrid
www.visor-libros.com

ISBN: 979-13-87745-73-8
Depósito Legal: M-9113-2025

Impreso en España - Printed in Spain
Gráficas Muriel. C/ Investigación, n.º 9. P. I. Los Olivos - 28906 Getafe (Madrid)

Hablo de ruinas   de derrumbamientos
de zozobras antiguas

y de una llaga que no tiene cauterio

de la vara en que crece
la loca enredadera del dolor.

Hablo también del tedio
de tercas necedades y miserias

y del tiempo
de su lengua de perro que me lame
cada mañana las viejas heridas.

DOMINGOS

I

El hueso de pollo sobre el plato vacío
no tiene una sola hilacha de carne.
Muerde con fuerza y con método el que hizo esta limpia tarea.
Si cerrara los ojos podría oírlo masticando sin tregua,
desgarrando también los cartílagos.
Sobre mi plato, en cambio, una presa de pollo casi intacta
se enfría con desgano.
En la piel erizada ya hay puntitos de grasa.

Esta cocina es grande los domingos.

II

Los domingos
una presencia enorme
tiene costumbre de invadir la casa.
Algo hay en ella de animal marino,
de ballena varada que agoniza.
Se tensa el aire en las habitaciones,
y el silencio
trepa por las paredes como pulsión violenta.

Él duerme
y ella sueña
los domingos.

III

Los domingos
se pudre el tiempo como carne cruda
y expuesta al sol. El moscardón del tedio
pega contra el cristal y vibra el aire
cargado de una nueva pestilencia.
Algo se descompone
en un lugar que nos está vedado.
Todo aquí es duro encerramiento, piedra
tapando las salidas. Y allá arriba,
corona de arduo luto, los zamuros
girando en torno a nuestra vieja torre.

IV

Papá cocina los domingos silba
corta cebolla tasajea el cuello
de un conejo
de un cerdo de una oveja
de los faisanes de oro de los cuentos.
Papá cocina los domingos bebe

para inspirarse dice

y el cuchillo
sangra destila se impacienta chilla
como el conejo el cerdo los faisanes.
Rojo el achiote rojo el chile el vino
rojos los ojos turbios.
Qué tal sabe
mi guiso de venado mi cecina.

Arde en mi lengua quema en mi garganta
la voz que debería contestarle.

V

Saltaron cifras, nombres, fantasías.
Tú seguiste sonriendo con la copa en la mano.
Entonces vi mi sombra saltar sobre tu sombra,
y el cuchillito curvo brillando a mediodía.
Y cayó tu cabeza limpiamente,
del agujero fue brotando humo.
Ahora estoy mirando mis muñecas,
mis temblorosas manos extendidas.

VIDAS DE PELÍCULA

I

No sé si lo que duele
es el golpe
artero
repentino
—la palabra
que entra en la piel como el hierro de herrar enardecido—

o lo que esconde.

* * *

Siempre inocente, siempre distraída,
siempre como
quien cree
quien espera
quien ha olvidado ya

cuando la coz cocea

cuando salta
como una broma cruel
el payaso del fondo de la caja.

II

Ya no me asombro, ya no me pregunto,
por el detrás

la fuerza debe estar en otra parte

en renacer de mí cada mañana
en hacerme desierto cuando llueve

en cerrarme como una adormidera.

III

Él va apagando luces, enderezando cuadros.

Ella, como quien ya se va, se fue quedando
en el centro vacío de lo oscuro.

V

Y sin embargo en esta casa hay flores,
y una tetera donde borbotea
una canción imaginada.

Un subir y bajar por los peldaños
del hoy,
                    un trajinar
que tiende cada red sobre su abismo
y te permite

como una madre enorme

empollar cada día
tu nueva soledad.

VI

En la televisión hay prados verdes, licuadoras,
felicidad.

Su luz azul parpadea en la noche de la alcoba,
instaura un tiempo ajeno,

una vacilación
que confunde lo que ya fue con lo que nunca ha sido,

con lo que me contaste hace ya tanto,
o lo que te conté
                    —ya no podría saberlo—

porque han pasado siglos desde entonces.

EN EL MUSEO

«Bueno», dice él en el museo.
«Suficiente».

Y ella siente la cuerda poniendo la medida.

«Ya», «ahora», «no». Simples, inocentes palabras
dichas tan
                    suavemente,
desde siempre.

(*Porque lo digo yo*, decía su padre)

En el cuadro que mira hay un camino
y un sol que ciega. Ancla en él la mirada,

y la cuerda se estira

en el museo.

MANUAL DE AUTOAYUDA

I

Cómo desatar este nudo, me digo,
y en él concentro la mirada como para que arda.
Lo que en mis ojos late no es fuego, sin embargo,
sino impotencia:
esa parálisis
que nace del temor a la derrota.

(Un nudo pareciera provenir del azar, ser inocente
de la tensión que encierra. Pero engaña).

No hay nudo sin proceso,
sin movimiento previo, sin lazadas.

Podría deshacerlo
si supiera por dónde comenzar o hubiera un método
para manipular tanta maraña.
Pero dentro del nudo hay un silencio,
un ensimismamiento,
la trabazón perversa que nos lleva
—insistentes—
de querer desistir
a la esperanza.

II

Teme a la furia del enfermo,
a la zarpa que araña la mano que lo cuida.

Al mar en calma
y al que parte su pan al desayuno
mirando el filo con que te hirió en sueños.

Al que no te perdona que envejezcas.

Al que no tiene dudas y conoce
todos los trucos de los crucigramas.

A los que solo miran hacia arriba
y a ese que está gritando cuando calla.

Témele al miedo, al asco, a la impotencia,

al agua cenagosa de la lástima.

POSTALES

I

Caminan por la calle de barrio, que sería ligeramente
sórdida
de no ser por la luna incipiente y los geranios en los
antejardines.

Él dice el nombre de un árbol,
ella señala el color de la tarde que se extingue:

las palabras inocuas dilatan lo que pronto vendrá, lo que
ya tiembla.

Los faroles hacen palidecer los rostros (todavía encendidos).

A la luz del recuerdo él es tan alto que ella no ve su frente.

Y sin embargo
qué nítido aquel cuarto y en su centro
la ternura quemante de los cuerpos,

que ahora se detienen, en esa esquina triste,
convertidos en piedra para siempre.

II

Ella venía del vacío cuando entró en el salón lleno de gente.
No había más ruido adentro que aquel con que distrae,
desde hace años,
su propio vaciamiento.
Y allí estaba, brillante como un ancla, su verdugo,
llamándola
con el destello gris de la mirada.

¿Cuánto dura un relámpago?
¿Cómo ilumina
el erial donde el rayo abre la herida?
¿Cuánta verdad callada encierra el árbol
que en medio de la noche se calcina?

Sonrieron vagamente y sin tocarse
se abrazaron
como en el sueño que los perseguía.

Y volvieron al ruido, como extraños.

III

Ese galope sordo del corazón.
La vibración eléctrica del miedo
desatando las vísceras, y el leve,
levísimo temblor de cada paso.

Y el deseo
corriendo ya con su furor de sangre.

Ay, la anticipación lo que imagina.

Pero también la mente vacía,
                                        suspendida
en vilo cada vez.

Y el cuerpo donde empezaba ya a habitar tu olor.

Y el reiterado asombro de encontrarte.

IV

No tendría que haber ocurrido, pero el deseo de la voz,

aunque fuera la voz
viniendo de la noche, de lo oscuro que aún nos atrapaba,

las palabras buscando lo perdido
—como el que a un cadáver le da respiración, golpes
dolidos
en el pecho ya muerto—,

¿estás ahí? ¿me oyes?

Y las pausas,
las pausas que son duda y deseo, cuando un cuerpo
se arranca del amor en el que está enquistado,
y entonces nos herimos, para así poder irnos.

El clic del otro lado. Y las encías sangrantes
de apretar las mandíbulas
como animal
que no ha cesado de luchar con su presa

y en mi lengua el amargo de la herida.

CAMINANDO POR LA BANDA DE MOEBIUS

Si yo volviera a verte
y fuera el primer día la vez primera
te daría silencio solamente
y la página en blanco de mi espalda
para que allí escribieras tu nombre con tu fuego

a ver si así tal vez

o tal vez no.

Si yo volviera a verte
y no te conociera todavía

tal vez diría solo una palabra
esa que nunca pronuncié ahogada
por palabras inútiles y sordas

y salvaría mi cuerpo de tus manos
y salvaría mi alma de tus manos

a ver si así
tal vez

o tal vez no.

FRACTURA

Anoche volví en sueños al tiempo del amor
como a una antigua ciudad revisitada
que prodiga distinto los asombros

lo ya visto surgiendo
de esa manera cruel con que los sueños
abren sus pasadizos y devuelven
a lo muerto un temblor resucitado

y en aquel tiempo tú

y yo pasado el tiempo

como en un imposible *remake* que nos arroja
al bucle de una eterna paradoja.

PELIGROS DEL FUEGO

Sucede
cuando la leña está muy seca:
una pequeña chispa para encender la hoguera
puede hacerse furiosa llamarada.
Ahora temo que el fuego arrase el bosque,
desdibuje el camino de regreso
y no pueda volver a ver tus ojos.

ÚLTIMO TANGO EN PARÍS

Con palabras callar. Abrir vacíos
livianos como nubes donde quepan
tan solo nuestros nombres, nuestras manos.
Saber tan solo
lo que invento de ti, sin geografías
ni ayer. Y que tus sueños
pesen más que tus pasos y tu historia.
Con palabras hilar nuestros silencios,
y volver a nacer, a estar desnudos
como Adán, como Eva, antes que vengan
a expulsarnos de nuestro paraíso.

CUARTO DE HOTEL

Llego a la habitación de mi hotel sin estrellas,
llego a su desnudez a medianoche,
a su lámpara triste, al plas plas de la gota
de la ducha, al pedazo
de cielo sobre un patio, y a la cama
que flota en el vacío como balsa de náufrago.
En este cuarto de paredes grises
soy de repente un cuerpo sin enajenaciones,
un águila que pliega sus alas y su cuello,
la más dichosa reina destronada.

CAMINANDO SOLA

Yo venía de dejar a mi hermano en la escuela.
Los vi de ida, por eso di un rodeo.
Pero allí estaban,
como me había susurrado el miedo.

Si fueron cinco o seis, no sé, qué importa.
Siete cuerpos, diez cuerpos son lo mismo que uno.

En la cabeza, un estallido que se vuelve sombra.
En la cintura la curva del dolor de aún estar viva.

Dentro de mí un olor que no se fue *más nunca*.

¿Que quiénes fueron?
Los hombres de la guerra:
los hunos o los otros,
los serbios o los bosnios,
mi padre en sueños, mi padrastro en sueños.

A mi madre
que trenzaba guedejas de colores
le regalé la paz de mi silencio.

A veces a mi hermano lo abrazo de repente
como si así pudiera retenerlo.

A BIGGER SPLASH

El rectángulo azul de la piscina
y el cielo indiferente abriéndose a la noche.

Te gustaba nadar a esta hora fría.
Yo te oía bracear como en un gran combate.

Y hoy has vuelto,
con tu cuerpo de sol y detenido
en tus veintiocho años para siempre.

Si pudieras mirarte, recortado
contra la nada gris del horizonte,
pensarías en Hockney,

tan concreto y no obstante tan abstracto.

Y tú tan vivo como en mi corazón
y tan lejano
como el lienzo que ves en un museo.

Te he visto vacilar, al borde, antes de dar
el salto. Y me he quedado
aquí, en mi silla blanca,
esperando que emerjas de las aguas.

AQUELLA VEZ

Y te hablé de grandes estrellas,
pero tú mirabas a la tierra.
ELSE LASKER-SCHÜLER

Y te hablé de playas lejanas en las que comeríamos ostras
mirando el mar.

Y de tardes en que estarías a salvo de la lluvia,
porque juntos íbamos a levantar la carpa poderosa de
nuestra voluntad.

Te hablé de mi niñez, de tu niñez,
de mi cordón umbilical.

Te dije lo que pude decir. Lo que supe decir,

temblando.

Pero tú mirabas a la tierra
que comenzaba a ser tu único cielo,

a la tierra de la que ya te estabas despidiendo,

en la que todo crece, indiferente y espléndido,
sin ansiedad ni pesadumbre.

LOS DÍAS DE FIESTA

Los días se añaden a los días
sin rima ni razón.
JEAN-PAUL SARTRE

Mi padre recorre el mundo de la habitación a la sala
con pasos cortos que esfuerzan una última dignidad,
esquivando de memoria
lo que ha estado ahí desde siempre.
Todo es adentro en él porque el afuera
fue cerrado con llave y cerrojo
hace ya muchos años.
Lo han olvidado el sol, la lluvia y el viento.
Mi padre, que es ciego y sordo y puede recitar de
memoria
los poemas que iluminaron su infancia,
va y viene por la casa como un pez que amara los límites
de su pecera,
nadando en el silencio perpetuo de sus oscuridades.
El bajo continuo de sus días no permite improvisaciones.
De vez en cuando se queja de no poder leer los
periódicos,
de no saber cómo envejecemos,
de no ver si mi madre le sonríe desde el lejano paraíso
que ahora habita

con una placidez envidiable.
Lo hace sin vehemencia, con una serenidad que nunca
fue suya,
con la nostalgia amarga de los condenados.
Lo oímos, prisionero de nuestra pesadumbre,
que rasga con su filo la tela de la tarde.

LAS COSAS COMO SON
(Obra en un acto)

Porque mi padre chasqueaba con la lengua
y cortaba
la carne en pedacitos,
con ese método suyo para todo
—exasperante—,

mi hermano prefería llamarlo por teléfono,

pero mi padre le hacía repetir cada frase,
«no entiendo», le gritaba,
con esa su voz última de pájaro quebrado.

Le conté
que preguntaba por él de vez en cuando,
que quería saber si había muerto
y lo engañábamos.

«Es que llamar también era una lata»,
dijo mi hermano,
con el abrigo aún puesto
y la mirada fija en sus zapatos.

«Las cosas como son,
qué quieres que te diga».

(Un viento entró en la habitación vacía
y se llevó enredadas sus palabras).

POEMAS PANDÉMICOS

EL HOY

Nunca fue el hoy más hoy, página en blanco
donde debes trazar tus coordenadas.

Abandónate al hoy, como la nube
que se hace y se deshace en un presente
que ignora la promesa de un mañana.

Y ahora que el mundo calla, detenido,
oye cómo crepita en su latido
cada minuto que te otorga el tiempo.

PAUSA

Para creer al menos que de verdad vivimos
y que la vida es más que esta pausa inmensa…
Jaime Gil de Biedma

Entre el miedo y la luz que brilla entre las ramas,

entre el hoy que arde como leña seca
y el tembloroso enigma del mañana,

entre el recuerdo ansioso de tus manos
y tus manos, hoy lejos de mis manos,

un tiempo muerto, un filo
que nos suspende al borde de ser nada,

banco de niebla gris,
pausa que aleja
el huevo azul del que nos desprendemos
y nos empuja al mar de lo que viene,

dejando ver el pico de las olas,
sus vaivenes, la vida en movimiento
que solo a sorbos puede ser tomada.

EN UN FUTURO

En un futuro hablarán de estos tiempos.
Y es posible que la memoria guarde
la voz del pregonero que en las calles desiertas
se hizo eco del mundo como existió algún día.
Alguien nombrará el miedo y sus cerrojos
y otro hablará del hambre desde sus cicatrices.
O del pasmo, del hilo
a punto de romperse,
de las lunas no vistas, del mar que ya no estuvo,
y de todos aquellos
a los que no alcanzaron nuestros brazos.
Nadie, en cambio, podrá dar testimonio
de cómo se llenaron de imágenes los sueños,
ese otro rostro de la poesía.
Y de cómo los hombres, con las alas cortadas,
inventaron caminos en sus noches
para tocar el mundo de nuevo con sus manos,
sembrando árboles y tempestades
en la pequeña nuez de su cerebro,
que es donde, finalmente, nace el mundo,
y donde muere.
Nadie hablará tampoco, eso es seguro,
de la aridez de los amaneceres.

DE LA TRISTEZA

Es pertinente hablar de la tristeza.
De su forma
de entrar a media tarde con su frufrú de seda
y sus buenos modales.
O de cómo nos hiere con su lluvia de arena
cuando nacemos otra vez al día
y recordamos
que ahora somos islas a las que nadie llega.

(La tristeza,
tan distinta al dolor, que es como un golpe
de espuela sobre un cuerpo
desnudo, despojado).

Nos parece que arropa, la tristeza,
pero es porque nos hace niños viejos,
a la vez inocentes y nostálgicos.

Alguien canta a lo lejos, en el mundo de antes.
Y del canto prendida nos llega la tristeza,
blanda, sorda y espesa
como lava
cargada de cadáveres de pájaros.

EL VIEJO HELADERO
SUBE LA CUESTA DE MI BARRIO

Por qué esta desazón
cuando en medio del mundo detenido
oigo este repetido tintineo,
la campanilla
que en otros tiempos sonaría alegre,
                                                            pero

que en esta tarde muerta y en esta dura cuesta
de mi barrio —y del mundo detenido—

suena distinto:

a un planeta sin niños, callado para siempre,
a un paisaje en eterno blanco y negro,

y en esta dura cuesta, y en esta tarde muerta
también a persistencia,
                                        a obstinación,
                                                            a credo.

ARRE

Los animalistas ganaron su batalla
y ahora ya no tiran de la carreta los caballos.
De la carreta tira el carretero.
Míralo cuesta arriba, curvado como bestia castigada,
y cuesta abajo deteniendo el mundo.

Nadie le azota el lomo ni le azuza,
ni le tiempla la brida al carretero

que cumple mansamente con la ley
y suda y bufa y huele como animal de tiro,

los pies sin herraduras,
el cuello palpitante y los nervudos brazos
abiertos a la lucha del pan de cada día
bajo el sol ciudadano contagiado de ruidos,

o del cielo de fábula,
                                        sin penas y sin culpas,
que cuida de los sueños de los animalistas.

ÍNDICE

POEMAS PANDÉMICOS

Esta primera edición de *Los hombres de mi vida*
se acabó de imprimir en Madrid, el 17 de
abril de 2025, el día que se cumplen
162 años del nacimiento de
Constantino Cavafis en
Alejandría.